행복한 도나우강

신앙인의 시집 03
행복한 도나우강

변성붕 시집

시시울

| 시인의 말 |

사랑을 갈구하는 자
사랑을 준비하는 자
사랑을 시작하는 자
사랑이 익어가는 자를
위하여

2021년 12월
변성붕

차례

시인의 말······005
서시······011

제1부_

해무리···015
변화···016
이런 선교사 되게 하소서···017
너였으면···018
친구에게···019
후회하지 말고···020
정상···021
영원에 대하여···022
가을···023
고독···024
동행···025
엽서···026
행복한 도나우 강···027
역사···028
하루인데···029
서리꽃···030
첫눈···031
새벽···032
장작불···033

제2부_

발길 닿는 곳마다 ·037
행복·· 038
새해·· 039
예수·· 040
친구·· 041
여행·· 042
바램·· 043
깨달음·· 044
주일 아침에 ·045
관계 ·046
첫눈 나리면 ·047
그 수녀 ·048
수녀꽃 ·049
지옥 ·050
천국·· 051
간단해· 052
죽음·· 053
죄와 평화 ·054
후회·· 055
입춘대길·· 056
중년 예찬·· 057

제3부_

반전…061
인생…062
서로가 필요하다…063
동기…064
겨울 소낙비…065
연극…066
착한 도나우강…067
봄눈…068
4월에…069
순정…070
애기…071
개명…072
인생…073
연대기…074
새벽기도…075
열정…076
뜸들이다…077
보석…078
백합…079
정상…080
웃음…081

제4부_

사랑의 강…085
도나우 강…086
가난…087
그대로…088
더욱 그립다…089
작별…090
세상…091
사랑·1…092
사랑·2…093
사랑·3…094
사랑·4…095
사랑·5…096
사랑·6…097
사랑·7…098
사랑·8…099
사랑·9…100
맛뵈기…101
오늘…102
동기…103
도나우강·2…104

발문 정바름…106

| 서시 |

하늘이 열렸다

사랑은
한 사람에게
딱 한 번 찾아온다

그러기에
지금 외로운 자여

그 사랑 찾아오면
온몸을 던져라
일생을 걸어라
사랑에 죽어라

새 세상이 온다

제**1**부

해무리

당신이 해라면
나는 당신의 원 안에 갇힌
무리입니다

영원히 나를
풀어놓지 마세요

변화

전에는
죄짓는 맛으로
살았다

이제는
죄 안 짓는 멋으로
산다

이런 선교사 되게 하소서

평생 성경 한 번 열지 않는
막장 집시들에게
내 삶이 성경이 되어
읽혀지게 하소서

내 삶이 하늘 카페 되어
그들의 유랑을 멈추고
예수 만나게 하소서

너였으면

사랑하는 사람
없는 게 아니야
아직 만나지 못했을 뿐

사랑하는 사람
만나지 못한 것이 아니야
사랑이라 알지 못했을 뿐

지금 오고 있는 사랑이
너였으면 좋겠다

친구에게

시간이 지나가듯
사람들이 떠나간다
구름처럼 많던 사람들
모두 어디로 갔나

오고 또 가는
가고 또 오는
세월처럼

친구여
세월이 흐르듯
함께 흘렀으면 좋겠다

후회하지 말고

사랑해요
사랑해요

지나고 나면
후회만 남는 것

사랑하고 있을 때
함께하고 있을 때

지금,
말해

정상

세상
넓게 보고
가슴 확 펴고 싶어
산에 오른다

넓은 가슴으로
두 팔 벌려 맞아주는
네가 산이다

영원에 대하여

미래에 살면
미래 사람

현재에 살면
현재의 사람

과거에 살면
과거의 사람

예수와 살면
영원을 산다

가을

너로 인해
사랑을 알게 되었다

사랑을 알고 비로소
사람이 되었다

꽃이 지고 낙엽이 떨어지는
이 거리에서
너를 생각한다

가을은 사랑이다

고독

나이가 들수록
푸르기만 하다
세월이 지날수록
깊어만 간다

나날이 외로워지는
이 마음을 어찌 하나
죽겠다

동행

고독은 떨쳐내는 것이 아니라
친해져야 한다는 것을
이제야 알았다

고독하지 않다면
사람이 아니지
고독을 모른다면
죽은 거나 같은 거지

이 가을
고독과 함께
먼 길 걸어보자

엽서

지금,
동유럽 오지마을
어두움의 초입에 들어섰다

이방인을 맞이하는
고요한 불빛
지친 몸 다독이는
가로등 불빛 밟으며 걷는
가을밤 7시

국경 마을을 걷고 있다

행복한 도나우 강

사람은
살아가면서
서로 꼬이고

도나우 강은
스스로 풀면서
흐른다

역사

과거와
미래의
만남이다

오늘과
영원의
만남이다

너와
나의 만남이다

하루인데

힘들지?

그럼
뒤를 보지 말고
내일을 보지 말고
오늘만 봐

오늘 하루가 전부인양
하루만 바라봐

서리꽃

빼꼬미 비치다 사라지는
아침 서리꽃마냥

잠시 왔다 떠나는
너의 여운은
오래 남아
오늘을 살게 한다

잠시 잠깐이어도
네가 있어 좋다

첫눈

눈썰매를 타고 노는
귀여운 아이를 보고
그냥 지나칠 수가 없어
함께 사진을 찍었다
맑디맑은 아이의 눈빛

아이가 포즈를 취하자
천사가 첫 눈으로 내렸다

새벽

눈이 맑으니
네 얼굴이 보이고
마음이 맑으니
네 영이 보이네

새벽 어스름 속에서도
네 모습 뚜렷하네

장작불

잠자는 불씨
흔들어 깨우니
훨훨 일어나
춤을 춘다
따뜻하다

그대여 일어나라

제**2**부

발길 닿는 곳마다

당신을 먼저 생각합니다.
사는 이유가 당신이기 때문입니다
항상 어디를 가나
다시 오리라 기대합니다
지금 걷고 있는 유럽의 이 도시를
언젠가 당신과 함께 걸을 수 있기를
손꼽아 기다립니다
당신에게 줄 수 있는 선물은
오직 당신을 향한 나의 마음입니다
혼자 걷는 이 길이
혼자가 아닌 것은
당신이 있어서입니다.
당신은 내 인생입니다
당신이 아니었다면 허무를 부둥켜 안고
한세월 헛되이 보냈겠지요
발길 닿는 곳마다
당신이 함께 있어 행복합니다

행복

거기서 뭐하니
무얼 찾고 있니

애써 찾지 않아도
너 하나만으로 충분해

너는 내게
모든 것이니까

새해

너로 시작하고
너로 지내고
너로 마쳤다

또 다시
너로 시작한다

예수

함께 거닌다
함께 지낸다
함께 잔다

먼곳에 있지 않다
어디에서든 함께라면
천국이다

친구

외롭게 세상을 떠날지라도
내 관을 들어줄 사람이
내 친구지
그런 친구 하나라도 있으니
다행이지

너뿐이라고 말하지 않아도
마음으로 영혼으로
서로를 아는 것이 친구지

여행

방해 받지 않고
편안하게
모든 시간
당신과만 지낼 수 있어
행복합니다
같은 길을 걸을 수 있어
든든합니다

매순간
당신과 함께라면 좋겠습니다

바램

행복만 하시면 됩니다
당신은 받을 만큼
충분히 사셨습니다

행복은
당신을 위한 것입니다
그런 당신을 볼 수 있어
나는 행복합니다

행복만 하시면 됩니다
그래야 내가 행복합니다

깨달음

혼자인 줄 알았는데
아니었구나

너와 함께였는데
외로워했네

주일 아침에

행복도
세상 앞에서는
불행입니다

불행도
당신 앞에서는
천국입니다

오늘 하루도
천국을 향해
길을 나섭니다

관계

함께 있어도
먼데 있는
사람이 있다

먼데 있어도
함께 거니는
사람이 있다

나는 언제나
너와 하나다

첫눈 내리면

도나우 강에
첫 눈 내리면
새벽 강가에 나가
너의 이름을 쓰리라
조용히
너의 이름을 불러보리라

도나우 강이 출렁이며
내 그리운 마음
너에게 전하리

그 수녀

순수했다
솔직했다
사랑스러웠다

눈빛의 상처마저 수줍은
그 모습

그립다

수녀꽃

굳게 잠긴 땅을 열어
쌓인 눈
녹이며

여린 수련 수녀가
흰 수건을 쓰고 다가온다

정결
순결
청빈

세상을 향한 타종

지옥

있다
없다
아귀다툼 마라

지금 우리가 살고 있잖아

천국

살아 본 사람이 가는 나라지
살아보지도 않고
어떻게 알고 가니

살지 않은 사람들이
떠벌리는 천국이라면

속지 마

간단해

천국으로 살던 사람
천국 간다

지옥으로 살던 사람
지옥 간다

안 그래?

죽음

가장 좋은 때에
하늘로 부르지

가장 적절할 때에
하늘로 부르지

두려워 마
하늘로 가는 길

죄와 평화

죄는
나를 묶고
너를 묶고
우리를 묶는다

하늘도 닫힌다

평화는
나를 풀고
너를 풀고
우리를 푼다

하늘도 열린다

후회

설익은 말에
사람은 당황한다

잘 익은 말은
사람을 기분좋게 한다

제대로 여물지 않은 난
아직 멀었다

입춘대길

노랑 수선화가 찾아오니
봄날도 대문 열고 맞이했다

나무는 새순을 틔우고
꽃들은 봄으로 성큼 다가선다

겨우내 덥수룩이 자란
낡은 머리카락을 자르고
나도 봄을 맞이해야지

중년 예찬
―표효숙 관장님께

늦게 피는 꽃이 소박하다
늦게 피는 꽃이 아름답다
늦게 피는 꽃이 고매하다

놀랍다
늦게 피는 꽃
끝물이 더 달다

제**3**부

반전

내가 죽으면
예수가 사는 줄 알았는데

예수가 사시니
내가 죽은 것이다

놀랍다

인생

나로 사니
세상살이다

예수로 사니
천국살이다

저 하늘을
땅에서 살자
빛으로 살자

서로가 필요하다

신은 한 사람에게
전부를 주지 않았다

모든 사람에게 골고루
나눠서 주었다

네가 있어 내가 있고
우리가 있어야
비로소 천국이다

동기

풋풋했던 시절
함께 보낸 우리

하루하루
한 발짝 한 발짝이
오늘의 추억을
만들었지

다시 주어진 세월
젊음으로 돌아가
영원히 남을 추억을
다시 만들어 보자

겨울 소낙비

비가 열심이다
밤낮 가리지 않는다

비가 막무가내다
할 테면 해 보란다

비가 세상을 사로잡았다
다 적신다

퍼붓는 비는
세상을 빨고 있다
내 마음을 씻고 있다

연극

우리의 연기는
조연이 없다
모두 주연이다

너를 위해서 내가 있고
나를 위해서 네가 있기 때문이다

우린 서로를
빛내기 때문이다

착한 도나우강

비가 오면
빗방울과 함께 거닐고
눈이 오면
눈송이와 손잡고 춤추고
바람 불면
함께 달려간다

흐린 날에도
맑은 날에도
너른 가슴으로
언제나 그 자리

찾아가면 만나주고
돌아서면 기다려준다

봄눈

이제 떠나도 되는데
미련이 남은 이유는 무엇인가

지날 건 지나가야 하고
올 것은 와야 하고
살아야 할 것은 살아야 하지

눈이 내린다
수선화를 누르며
봄눈이 내린다

4월에

당신을 찾아나서는
길에는
은은한 봄 향기로
가득 차 있습니다

그 향기는
내 영혼에
꽃으로 피어났습니다

당신은 꽃처럼 그렇게
내게로 왔습니다

순정

영혼 깊숙이
숨겨 놓았던
한 번도 누구에게
보인 적 없는
사랑
너를 위한 것이었구나

끈질기게 따라 붙던 외로움에도
주저앉지 않고
간직한 사랑

네게 주기 위해
이렇게 간직했구나

애기

아유, 이뻐라
귀여워 깜찍해라

정말 깨물어 주고 싶어
안아 보고 싶어
눈에 넣어도 안 아프겠네

예쁘다
참 예쁘다

내겐
당신이 그래

개명

님의 입으로 말합니다
님의 눈으로 세상을 봅니다
님의 귀로 소리를 듣습니다
님의 코로 숨을 쉽니다

님의 생각이 내 생각입니다
님의 느낌이 내 느낌입니다
님의 꿈이 내 꿈입니다

내가 당신이 되었습니다
당신 이름이 내 이름입니다

인생

도나우강은
흘러가서
다시 돌아오는 일이 없다

어떤 일이 있어도
흐를 뿐이다

연대기

청년 때는
대전역에서
거지 형님들과 노숙했다

젊었을 때는 유랑객으로
부산 번쩍 대전 번쩍
집시처럼 살았다

이젠
네가 오기를 학수고대하며
한곳만 바라보고 산다

새벽기도

간밤
밤새워 지저귄
새소리처럼
맑은 소리

네 영혼의 창가에서
문 두드리듯
간절한 기도

오늘도
내게 주어진 하루는
너 오기만 기다리는
간절함이다

저 멀리 지평선
해 돋는 곳을 향해
너를 기다린다

열정

폭포수로
네게 쏟아내면

너는 마음을 열어
호수처럼 받는다

이대로
죽어도 좋으리라

뜸들이다

뜸들인 밥이어야
맛있다

기다린 사랑이어야
고소하다

꼭꼭 씹어서
많이 드시라

보석
―인애에게

상처 없는 진주는 없다

너의 상처는 빛난다

너의 상처마저도

나에겐 보석이다

백합
―예진에게

네 모습을 찍으면
사랑이 찍힌다

네 마음을 찍으면
행복이 찍힌다

네 영혼을 찍으면
평화가 찍힌다

백합 같은 그대
그 모습 그대로 살아주기를

정상

산에 오르는 이유는
정상에서만 볼 수 있는
세상이 있기 때문이다

기다리다 세상을 마칠지라도
너를 간절히 기다리는 것은
너로만 볼 수 있는
세상이 있기 때문이다

너를 향한 간절한 마음을 안고
오늘도 산에 오른다

웃음
―심귀래 전도사님께

아침엔 얼굴을 씻긴다
점심엔 마음을 닦는다
저녁엔 영혼의 등을 토닥이며
묶인 마음을 풀어준다

하루가 밝다

제**4**부

사랑의 강

사랑은 멈춤 없이 흐르는 강이다
문득 네가 생각나는 것은
너와 함께 흐르고 싶은 것이다
생각을 넘고 감정을 넘어
영혼으로 만나 흐르고 싶다

흐르는 강은 막지 못한다
영혼으로 흐르고
영원으로 향하기 때문이다

우리는 새벽강이다
멈출 수 없이 흐르는
사랑의 강이다

도나우 강·1

비우니까 모여들고
모이니까 흐른다

흐르니까 강이다

나를 비워야 비로소
네가 온다

가난

언제든
이 땅 훌쩍
떠날 수 있다

미련이 없으니
좋다

그대로
―서선미 사모님께

고운 마음
예쁜 마음
착한 마음

그래서
늙지 않는
사랑의 마음

늘 그대로인
당신의 마음입니다

더욱 그립다

가진 것 없지만
진솔한 사람

못 배웠지만
웃음이 있는 사람

작은 손을 내밀어
지친 맘 위로해주는

언제 보아도 편안한
들꽃 같은
그 사람

작별

석양이
노을로
아쉬움 남기고 간다

잘 살았다면
나의 죽음도
아름다울 수 있겠지

노을이 지고 있다
노을처럼 지고 싶다

세상

행복한 곳이구나
신나 했다

아닐 수도 있구나
고민했다

이렇게 죽을 수도 있구나
체념했다

미안하다
정말 미안하다

사랑·1

생각은 바람이 불면
날아가는구나

감정은 비가 오면
씻겨 가는구나

너를 향한 그리움만이
우리를 묶는다

사랑·2

사랑한다는 것은
당신을 닮아가는 것이다
당신이 좋아하는 것을
나도 좋아하는 것이다
당신이 바라는 것을
나도 바라는 거다

당신의 상처마저도
나의 상처가 되는 것이다

사랑·3

사랑은
방황을 멈추게 합니다

당신의 호흡으로 나는 숨을 쉽니다
당신의 언어는 나의 노래
당신의 감성은 나의 시가 됩니다

당신은 나의 호흡 나의 노래
당신은 나의 지침서입니다

사랑·4

내가 이 땅을 떠날 때
당신에게 주고 갈 선물은
오직 이것 하나

내가 당신에게 고백한 것을
이루고 가는 것

일평생 당신의 이름으로
함께한 것이다

사랑 · 5

당신을 향한 사랑이
시가 됩니다
마음껏 사랑하다
가겠습니다

내가 먼저 떠날지라도
당신을 위한 나의 시가 남아
언제든 함께 만날 수 있겠지요

하늘에 있는 나와
땅에 있는 그대가
하나가 될 수 있겠지요

사랑 · 6

자유로운 영혼으로
살아왔습니다

이제는
떠나지 않아도 됩니다

나는 그대 곁에
영원히 머물고 싶습니다

당신은
내 영혼의 종착지입니다

사랑·7

당신이 보게 한 것을 봅니다
당신이 생각하게 한 것을 생각합니다
당신이 느끼게 한 것을 느낍니다

당신을 만날 때마다
내 안은 당신으로 채워집니다
나는 비워지고
당신만 보입니다

사랑·8

당신으로
죽었다

당신으로
산다

죽든지 살든지
나는 오직
당신의 것이다

사랑·9

나의 호흡과 생명은
너로 인해 지탱되고 있지

내 영혼의 깊숙한 곳에
네가 있는 것이지

내 기도가 간절한 것은
너를 향한 마음 때문이지

오늘도 기도하네
내 속에 있는 너를 위해

맛뵈기

잠시 비치는 햇빛이
당신을 만나기 위한
맛뵈기였다면

당신을 만난다면
대낮처럼 환한 빛이
종일
황홀하게 빛나겠지요

당신은 언제나
나의 빛입니다

오늘
―연홍이에게

살아 있으니
너를 만난다
너를 만나니
내 삶이 즐겁다

살아 있으니
너를 위해 기도한다
너를 위해 기도하니
내 삶이 행복하다

너를 위한 기도는
너를 만나는 기쁨
그리고 행복

동기

단지 함께
학교에 다녔을 뿐인데
평생을 함께 간다

만나고 헤어지면서
또 보자, 다시 만나자

이 땅에서 못 보면
하늘에서 보면 되지

또 보자, 다시 만나자

도나우강·2

도나우강은 화장을 하지 않는다
민낯이어도 가난하여도
도나우강은 부끄러워하지 않는다

도나우강은 서두르지 않는다
갈 곳을 알고 있기에
언제나 같은 걸음이다

도나우강은 숨길 것이 없다
죄의 찌꺼기마저 씻으며
내 맘속으로 흐른다

맑게 흐르는
도나우강의 영혼은
늘 태양의 눈길로 반짝인다

발문

마음 속에 흐르는 도나우강

정바름 (시인)

평생 성경 한 번 열지 않는
막장 집시들에게
내 삶이 성경이 되어
읽혀지게 하소서

내 삶이 하늘 카페 되어
그들의 유랑을 멈추고
예수 만나게 하소서

—「이런 선교사 되게 하소서」전문

  필자가 변성붕 선교사님을 만난 것은 선교사님이 선교지를 떠나 잠깐 한국에 머물러 있던 시기였다. 평소

절친했던 어느 목사님의 소개로 만나게 되었는데, 시에 푹 빠져 매일매일 시를 쓰며 산다는 것이었다. 요즈음 시를 쓰는 목회자들도 부지기수이고 시인 또한 허다하여 그러려니 생각했는데, 필자의 관심을 끈 것은 그분이 불가리아의 도나우강 가에서 집시들을 상대로 선교활동을 펴는 선교사라는 것이었다.

집시는 코카서스 인종에 속하는 소수의 유랑 민족인데, 인도에서 발상하여 헝가리를 중심으로 유럽 여러 지역·서아시아·아프리카·미국 등지에 분포하며 일정한 거주지가 없이 항상 이동하면서 생활하는 사람들을 말한다. 그들의 이런 속성에 빗대어 현재는 정처 없이 떠돌아다니며 방랑 생활을 하는 사람을 비유적으로 이르는 말이기도 하다. 이런 집시들을 상대로 선교활동을 펴는 일은 무척 흥미로운 일이 아닐 수 없었다.

위의 인용시를 보면 집시들의 삶은 소위 '닥장'이라 할 수 있다. 그들은 평생 성경 한 번 읽지 않고 유랑을 멈추지 않는다. 알려진 바에 의하면 그들은 가는 곳마다 인근 주민들과 마찰을 빚어 사회 문제를 야기시키기도 한다. 시인은 이들을 상대로 스스로의 "삶이 성경이 되어 / 읽혀지"기를 소망하고 있으며, 또한 자신이 "삶이 하늘 카페 되어 / 그들의 유랑을 멈추"게 하기를 소망하고 있다. 그들이 예수를 만나게 하는 것이 그의 궁극적인 소명인 것이다.

  집시들을 대상으로 선교활동을 펴는 선교사는 그리 많지 않은 것으로 알려져 있다. 특히 시인은 그들을 단지 선교의 대상으로만 대하는 것이 아니라, 그들과 함께 먹고 마시며 함께 호흡하는 매우 희귀한 선교사역을 담당하고 있다. 예배나 찬양 때도 집시들의 언어를 직접 사용한다고 하니, 그와 집시들의 일체감은 충분히 상상할 만하다. 그렇다면 시인은 어쩌다 집시와 함께하게 되었을까? 이 의문은 다음의 시를 보면 어렴풋이 실마리를 짐작할 수 있다.

    청년 때는
    대전역에서
    거지 형님들과 노숙했다

    젊었을 때는 유랑객으로
    부산 번쩍 대전 번쩍
    집시처럼 살았다

이젠
네가 오기를 학수고대하며
한곳만 바라보고 산다

―「연대기」 전문

  시인은 신앙심 깊은 어머니 때문에 어릴 적부터 신앙생활을 시작했으나 신앙엔 별 관심도 없었고, 어쩔 수 없이 교회에 출석하는 처지였다고 한다. 어머니의 권유로 신학대학에 진학했으나 스스로를 사회의 부적응자로 낙인 찍고 인생에 대한 회의와 채워지지 않는 허무감 때문에 젊은 시절을 매우 방황하게 되었다. 대학 때는 자취방을 나와 한 학기 내내 대전역에서 "거지 형님들과 노숙"생활을 하기도 했고, "부산 번쩍 대전 번쩍 / 집시처럼" 떠돌기도 했다. 그렇게 떠돌이 생활을 한참 이어갔으니 정말 집시처럼 살아온 것이다.

  그러던 어느 날 한 TV 프로그램에서 집시들의 삶을 접하게 되었는데, 희한하게도 그들과 강한 연대의식을 느끼게 되었다고 한다. 그는 집시들과의 연대의식을 넘어 스스로 집시라는 생각까지 하게 되었고, 그것이 계기가 되어 러시아의 카프카스 지역에서 10여 년간 집시들을 상대로 선교활동을 시작하게 되었다. 그런 과정을 거쳐 현재는 불가리아의 소피아 부근 도나우강가에서 집시들과 함께하는 선교활동을 하고 있는 것이다.

이렇게 시작된 도나우강가의 생활은 시인의 인생에 일대 전환을 가져오게 되었다. 그에게 도나우강은 단순히 흐르는 강에 머물지 않는다. 그 강은 그에게 동반자요 스승이며, 신앙의 대상처럼 느껴진다. 강물을 통하여 자연의 순리뿐 아니라 신앙의 진리까지도 발견해낸다. 그리고 그를 오늘날의 시인이 되도록 이끌었다.

　　사람은
　　살아가면서
　　서로 꼬이고

　　도나우 강은
　　스스로 풀면서
　　흐른다

　　—「행복한 도나우강」 전문

앞서 인용한 시 「연대기」를 통하여 보듯, 젊은 시절에 사람과 사회에 대한 회의 때문에 부단히 방황했던 시인은 위의 시를 통하여 짐작할 수 있듯 대단한 삶의 변화를 가져오게 되었다. 도나우강은 꼬이고 얽힌 인간 사회와는 전혀 다르게 스스로를 풀면서 유유히 흐르고 있었기 때문이다. 이는 깊은 성찰과 명상이 있었기에 가능한 일이었으며, 이런 깨달음을 통하여 마음에 평화와 안정을 찾을 수 있었다. 그래서 방랑생활에 종지부를 찍고 그곳에 정착하게 되었던 것이다. 그래서 이젠 "한곳만 바라보고"(「연대기」) 살게 된 것이고, 시집의 제목(『행복한 도나우강』)에서 시사하는 것처럼 강을 통하여 행복의 의미를 찾게 된 것이다.

그런가 하면 도나우강은 그에게 사랑하는 사람을 떠올리게 하고, 그리워하게 하는 매개 역할을 하고 있다. 행복할 때도 그리울 때도, 도나우강은 항상 그의 곁에서 친구가 되어주는 매우 소중한 존재이며, "찾아가면 만나주고 / 돌아서면 기다려" 주는(「착한 도나우강」) 착하고 고마운 존재이다. 뿐만 아니라 사랑하는 사람을 생각하고 그리워하는 사랑의 메신저이다. 그러므로 시인에게 사랑은 도나우강과 동의어라 할 수 있다. "흐르는 강은 막지 못한다 / 영혼으로 흐르고 / 영원으로 향하기 때문이다"(「사랑의 강」)라는 고백에서 나타나듯, 강은 영원으로 흐르고, '우리는 멈출 수 없이 흐르는 사랑의 강'이라고 인식하고 있기 때문이다. 결국 사람이 살아가면서 추구하는 가장 소중한 가치, 즉 사랑과 행복을 도나우강에서 흠뻑 느끼고 있는 것이다.

> 도나우 강에
> 첫 눈 내리면
> 강가에 먼저 나가
> 너의 이름을 쓰리라
> 조용히
> 너의 이름을 부르리라
>
> 도나우 강이 출렁이며
> 내 그리운 마음
> 너에게 전하리
>
> ―「첫눈 내리면」 전문

그런데 그는 어쩌다 시를 쓰게 되었을까? 그의 시력(詩歷)은 그리 길지 않은 것으로 보인다. 이번 시집에 수록된 시인의 시들을 살펴보면, 매우 짧은 시간에 뜨겁게 분출되고 있음을 느낄 수 있다. 실제로 그는 자신의 시에 대하여 '아무 생각 없이, 시가 찾아오면 적는 것'이라고 고백하고 있다. 잘 쓰든 못 쓰든 억지로 시를 빚기 위해 아무런 노력도 하지 않는다는 것이다. 그런데도 주체할 수 없는 무엇인가가 마음속에 용솟음치면 단숨에 써내려 가고, 그것이 자신의 시가 된다는 것이다. 이것은 마치 종교적 접신체험처럼 자신이 주체할 수 없게 찾아드는 것이다.

이렇게 시가 강처럼 흘러 그의 시심을 적시므로 마침내 시인은 '내 속에는 도나우강이 흐른다'고 고백할 정도의 경지에 이르게 되었다. 이는 또한 '내 속에는 시가 강처럼 흐른다'는 것과도 같은 말이다. 아무튼 이 모든 정황이 보통의 정열로는 불가능한 일인데, 아마도 오랜 타국 생활에서 비롯된 지독한 고독과 그간 스스로 억눌렀던 감정이 한꺼번에 분출되었기에 가능한 일이 아닌가 생각된다.

그의 시에는 유독 '사랑'과 '너(또는 당신)'가 많이 등장한다. 그의 사랑의 대상인 '너'는 때때로 구체적인 대상을 지칭하기도 하지만, 또한 신앙의 절대자를 의미하기도 한다. 사랑이 곧 신앙처럼 강렬하고, 신앙 또한 사랑처럼 강렬하기에 가능한 일이다.

> 당신을 향한 사랑이
> 시가 됩니다.
> 마음껏 사랑하다
> 가겠습니다.
>
> 내가 먼저 떠날지라도
> 당신을 위한 나의 시가 남아
> 언제든 함께 만나는 겁니다.
>
> 하늘에 있는 나와
> 땅에 있는 그대가
> 하나가 되는 것입니다
>
> ―「사랑·5」 전문

그러나 몇몇의 시편들을 살펴보면 그에게는 '당신' 또

는 '너'로 지칭되는 구체적인 사랑의 대상이 있음을 짐작할 수 있다. 그 대상은 도나우강과 더불어 현재 그의 삶, 또는 시를 지탱하는 가장 근원적인 힘이라 할 수 있다. "내가 먼저 떠날지라도 / 당신을 위한 나의 시가 남아" 있을 것이고, 그 시는 결국 당신과 "하나가 되는 것"일 정도로 큰 의미를 갖는다. 이 시집을 통틀어 시인의 의지가 가장 강렬하게 드러나 있는 시 「해무리」를 보면 스스로를 "당신의 원 안에 / 갇힌 무리"(「해무리」)라 여기며, "영원히 나를 / 풀어 놓지" 말기를 간청하고 있다. 시인이 사랑을 자기 곁에 묶어두려는 것이 아니라 오히려 스스로를 그 곁에 묶어두려는 것은 그단큼 사랑이 크고 간절하다는 반증이라 할 수 있다. 왜냐하면 영원히 변치 않을 것이라 다짐하는 자신의 의지보다 변치 않기를 염원하는 대상의 의지가 더욱 중요하다고 생각하기 때문이다. 이는 그 사랑을 영원히 놓지 않겠다는 매우 강한 역설이라 할 수 있다.

> 당신이 해라면
> 나는 당신의 원 안에 갇힌
> 무리입니다

영원히 나를
풀어놓지 마세요

―「해무리」 전문

　변성붕 시인의 시는 집시에서 시작하여 도나우강으로 확장되면서, 그 속에 사랑과 행복을 담아 결국은 시로 귀결되고 있다. 첫시집이어서 짧은 단상에 머물러 있는 작품들이 주를 이루고 있지만, 아마도 시인의 삶과 시가 연륜을 더한다면 더욱 깊고 그윽한 시를 빚어낼 것이라 믿는다. 잠깐 느끼고 마는 사랑과 행복이 아니라, 오래오래 변치 않을 것이라는 의지가 시 속에서 강렬하게 느껴지기 때문이다.

　스스로를 집시라 여기며 집시를 온 마음으로 사랑하는 시인, 사랑하는 사람을 위해서라면 기꺼이 그 사랑 안에 갇히기를 소망하는 시인, 마음속에 도나우강이 도도히 흐르고 있는 변성붕 시인이 오래오래 그 속에서 행복을 누리며, 시인이 꿈꾸는 궁극의 세계에 마침내 도달하기를 진심으로 기원한다.

도나우강의 시인 변성붕

이창훈 (작가, 목양교회 담임)

거기 도나우강이 있었다. 동유럽 집시들의 어머니와 같은 강, 얼어붙은 대지를 꼭 껴안고 따스하게 흐르는 강, 그리고 그 강변 깨진 유리창에 반창고가 나풀대는 판잣집 곁에는 집시 아이들과 뛰어노는 한 선교사가 있었다.

변성붕! 우리는 젊은 시절 이분의 거친 방황을 알고 있다. 그러나 누구도 미워할 수 없었던 것은, 그의 방황은 순수의 결정체였기 때문이었다. 변성붕이 작은 시집 한 권을 떨어뜨리고 다시 선교지 불가리아르 떠난다. 난 오랫동안 이 시집을 껴안고 마지막 남은 화톳불가의 불씨처럼 그가 주고 간 온기를 기억할 것이다.

참 맑았던 인간
푸른 하늘도 변성붕 앞에서는
꺼꾸러져라!

행복한 도나우강
(신앙인의 시집 03)

지은이 변성붕
펴낸이 정환정
펴낸날 2021년 12월 2일

펴낸곳 도서출판 시시울
등록 제364-1988-000008호(1998. 5. 16)
주소 대전광역시 동구 대전로 867번길 52
     한밭오피스텔 4C7호
평생전화 0505_333_7845
전   송 0505_815_7845
전자우편 sisiwool@daum.net

값 10,000원

총판 : 생명의말씀사

ISBN 979-11-89732-34-9 03810

ⓒ변성붕, 2021

*이 책 내용의 전부 또는 일부를 재사용하려면 반드시
지은이와 시시울 양측의 동의를 받아야 합니다.